"स्याही"

जज़्बातों की...

-ओमिशा

"मेरे माता- पिता को समर्पित"

आज ऐसी अनुभूति हो रही है कि जैसे मेरे समक्ष लगे उस वृक्ष में और मुझमें कोई भिन्नता ही नहीं। हम दोनों कितने एक समान हैं जो सिर्फ़ विकसित होना चाहते हैं। कितनी गति से उत्कर्षित होते देखा मैंने उसे, ठीक वैसे ही मैं भी अपनी बाल्यावस्था पीछे छोड़ आई हूँ। फ़र्क बस इतना है कि कभी ख़ुद पर गौर किया ही नहीं। फ़िर अचानक से एक दिन महसूस हुआ कि कितना कुछ परिवर्तित हो चुका है। जो पौधा मैंने बचपन में अपने हाथों से लगाया था, उसे पानी दिया था, आज वो कितना उपज चुका है, छायादार वृक्ष बनने की प्रक्रिया में है। ठीक वैसे ही मेरे माता-पिता ने भी मुझे बड़े ही स्नेह और दुलार से मेरा लालन-पालन किया। समाज में हो रही सभी अनीति और कुरीतियों से बचा कर रखा, अपने छाँव में छुपा कर रखा।

आज भीतर से एक आवाज़ आई क्या मैं वास्तव में तन और मन से अपने दायित्व की पूर्ति कर रही हूँ, क्या मैं कभी उन्हें ठंडक प्रदान कर पाऊँगी जिनसे मेरी उत्पत्ति हुई है? और फ़िर बस इतना विचार आते ही अंदर कुछ उथल- पुथल सा मचने लगा और ऐसी आभूति हुई मानो किसी बुरे स्वप्न के पश्चात आँख खुल गई हो। ऐसी अनुभूति होना नकारात्मक नहीं बल्कि ये सकारात्मकता दर्शाती है, हमें ये आभास कराती है कि परिवर्तन ही प्रकृति का नियम है।

हमें संवेदना नहीं होती कब हम मोह में पड़कर अपना अमूल्य समय गवाँ देते हैं, जो फ़िर कभी वापस नहीं आता। परंतु गलतियाँ करते रहना प्राकृतिक है इसलिए कभी भी ख़ुद को

परिपूर्ण करने की दौड़ में गलतियों से बचाना नहीं चाहिए बल्कि उससे शिक्षा लेनी चाहिए। हम जो कुछ भी करते हैं, चाहे वो सही हो या गलत, यथार्थ हो या भ्रम ये सब हमारे जीवन के महत्वपूर्ण अंग है क्योंकि अनुभव से ही परिवर्तन की पूर्ति होती है।

जैसे हमारे जीविका के लिए आकाश, वायु, अग्नि और जल आवश्यक हैं ठीक वैसे ही मानव जाति के वृद्धि के लिए आवश्यक है अनुभव। फ़िर एक वक़्त ऐसा आता है जब हमारी इंद्रियबोध छमता इतनी अटल हो जाती है कि हमारी दृष्टि के सम्मुख के सभी रास्ते स्पष्ट हो जाते हैं और हम अपनी राह बनाते हुए सभी आपदायों का सामना करते हुए मंज़िल तक पहुँच जाते हैं।

-ओमिशा

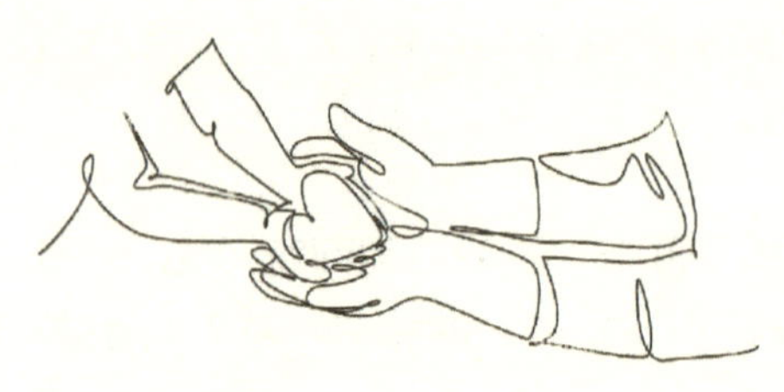

क्रम-सूची

क्रम-सूची

पावती (स्वीकृति)

https://notionpress.com

_नोशन प्रेस_ एक स्व-प्रकाशन कंपनी है जो लेखकों और प्रकाशकों के लिए कई तरह की सेवाएँ प्रदान करती है, जिनमें शामिल हैं:

_पुस्तक निर्माण:_ लेखक अपने पांडुलिपियों को पेपरबैक या ई-बुक के रूप में डिज़ाइन और प्रकाशित करने के लिए प्लेटफ़ॉर्म के

टूल का उपयोग कर सकते हैं

1. *पुस्तक वितरण:* लेखक अपनी पुस्तकों को प्रमुख भारतीय ई-कॉमर्स साइटों पर बेच सकते हैं |
2. *पुस्तक प्रचार:* लेखक अपनी पुस्तकों को पाठकों तक पहुँचाने के लिए प्लेटफ़ॉर्म के मार्केटिंग टूल का उपयोग कर सकते हैं
3. *पुस्तक मूल्य निर्धारण:* नोशन प्रेस के माध्यम से प्रकाशित पुस्तकों की कीमत भारतीय पुस्तक खरीदारों को आकर्षित करने के लिए तय की जाती है।
4. *कॉपीराइट प्रतिधारण:* लेखक अपने शीर्षकों के कॉपीराइट को बनाए रखते हैं।
5. *आईएसबीएन:* नोशन प्रेस के माध्यम से प्रकाशित सभी पुस्तकों को एक आईएसबीएन प्रदान किया जाता है।

नोशन प्रेस की स्थापना 2012 में हुई थी और यह चेन्नई, भारत में स्थित है। कंपनी का लक्ष्य वैश्विक स्तर पर काम करने वाले स्केलेबल समाधान बनाकर पुस्तक प्रकाशन और वितरण में समस्याओं को हल करना है।

"स्याही "

-ओमिशा

स्याही जज़्बातों की...

भूमिका

यह कृति मूल रूप से किन्हीं विशिष्ट वर्ग के लिए नहीं बल्कि समाज में मौजूद सभी वर्गों के लिए लिखी गई है। यह एक कविता- संग्रह है जिसमें उतार- चढ़ाव से भरे हुए एवं मन में जल रहे ज्वाला समान जज़्बातों का वर्णन चंद कुछ पंक्तियों के रूप में किया गया है।

तो कई बार ऐसा होता है कि समझ नहीं आता हम क्या करें, किस से बातें सांझा करें, तो ऐसे में कुछ नहीं करना होता है, *बस कलम उठाना पड़ता है...*

कलम उठाना पड़ता है...

प्रस्तावना

"स्याही" मन के भीतर चलने वाली एक जिरह का नतीजा है। या यूं कहूं कि अंदर चलने वाली जंग का निष्कर्ष है जिसे मैंने कविता के अंदाज़ में बाहर लाया है एवं जिसमें पाठक विभिन्न भावनाओं का मिश्रण देख पाएंगे।

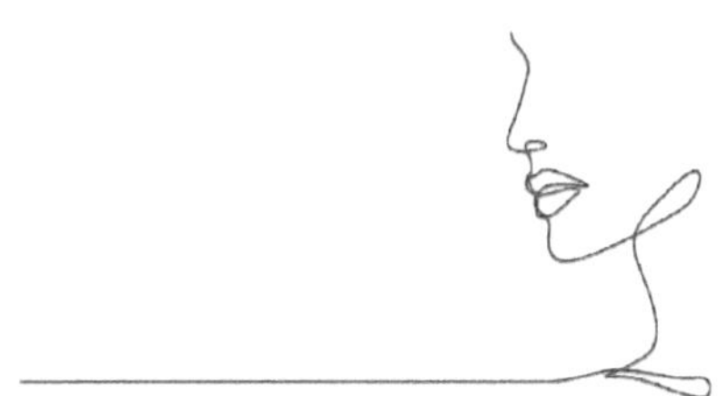

"कुछ अकेली थी मैं, तो सोचा कागज़ से दोस्ती कर लूँ,
कागज़ पर अपनी किस्मत आज़मा कर देख लूँ।
और ज़िंदगी के कुछ लम्हें कलम की लिखावट बन गए हैं,
पर डर भी है, कहीं अल्फ़ाज़ अख़बार ना बन जाएं।"

आमुख

"उलझन जो सुलझ जाए तो क्या बात है"

ख़ुद को समझना किसी पहेली को सुलझाने जैसा है या यूं कहो तारे गिनने जैसा। मैं कौन हूं, मैं क्यों हूं, अब इन सब सवालों का जवाब मिल जाए तो बात ही क्या रह जाए।

तो चलो आज इस सफ़र पर चल ही लेते हैं, कुछ सोच विचार करते हैं, और सफ़र की शुरुआत करते हैं...

"रौशनी की तलाश ज़ारी है, मंज़िल की ओर तैयारी है, दूर
ही सही, पर मंज़िल तो हमारी है"

"कविता"

1. "एक शायरी माँ के नाम"

माँ गुलाब सी हैं, पर मुरझाती नहीं,
इसलिए माँ गुलाब नहीं ।
माँ हवा सी हैं, पर बहकाती नहीं,
इसलिए माँ हवा नहीं ।
माँ चाँद सी हैं, पर सताती नहीं,
इसलिए माँ चाँद नहीं ।
माँ सुबह सी हैं, पर ढलती नहीं,
इसलिए माँ सुबह नहीं।
हाँ नदी सी हैं, पर गहरी नहीं
इसलिए माँ नदी नहीं ।
माँ कमल सी हैं, पर कमज़ोर नहीं,
इसलिए माँ कमल नहीं ।
माँ बादल सी हैं, पर शोर नहीं,
इसलिए माँ बादल नहीं ।
माँ गुलाब नहीं, माँ चाँद नहीं,
माँ हवा नहीं, माँ बादल नहीं ।
माँ क्या हैं ये पता नहीं...
माँ क्या हैं ये पता नहीं...
माँ की कोई तुलना नहीं,
क्योंकि माँ - "माँ" है ।

मेरा बार- बार गिरना,
और माँ का उठाना ।
मेरा उनसे रूठ जाना,
फ़िर माँ का मनाना ।
गलतियाँ करते जाना,
और माँ का समझाना।
गिरना उठाना, रूठना - मनाना,
और गलती करने पर समझाना ।
अब माँ पर क्या लिखूँ मैं,
माँ तो "माँ" हैं, कोई कविता नहीं ...
माँ तो "माँ" हैं, कोई कविता नहीं...
-ओमिशा

2. "पिता"

धूप में छाँव हैं पिता।
छाँव में वृक्ष हैं पिता।
वृक्ष का फल हैं पिता।
फल की मिठास हैं पिता।
मिठास भरा जीवन हैं पिता।
जीवन की नींव हैं पिता।
नींव का जड़ हैं पिता।
जड़ में नीर हैं पिता।
नीर में बूँद हैं पिता।
बूँद भरा संसार हैं पिता।
संसार का दीप हैं पिता।

दीप में दिवाली हैं पिता।
दिवाली में रंगोली हैं पिता।
रंगोली का रंग हैं पिता।
रंगों की होली हैं पिता।
होली की खुशी हैं पिता।
खुशी में ईद हैं पिता।
ईद का चाँद हैं पिता।
चाँदनी रात हैं पिता।
रात में दिन हैं पिता।
दिन में सूर्य हैं पिता।
सूर्य में ईश्वर हैं पिता।
ईश्वर का आशीर्वाद हैं पिता।
आशीर्वाद की लकीर हैं पिता।
और बच्चों की तक़दीर हैं पिता।
-ओमिशा

3. "पिता की शान, और माँ की जान"

पिता की वो शान है,
वो यश है, वो मान है।
सिर का वो ताज़ है,
वो गर्व है, वो नाज़ है।
माँ की कोहीनूर है,
वो दीप है, वो नूर है।
वो प्यार है, तकदीर है,
और प्यास में वो नीर है।
रात्रि की वो चाँद है,
वो रत्न है, अनमोल है।
निराशा में वो आशा है,
सुख बाँटने की भाषा है।
मीनारों की वो नींव है,
वो तरुण है, वो तीव्र है।
कुछ पाने की जुनून है,
ये दरिया उसके बिन सून है।

वो खुशियों की पतंग है,
वो दिव्य है, वो रंग है।
वो शील है, मृगतृष्णा है,
हाँ स्त्री है, पर कृष्णा है।
रिश्तों की वो डोर है,
वो टूटे दिल की जोड़ है।
पिता की वो शान है,
और माँ की वो जान है।
-ओमिशा

4. "नन्हीं चिड़िया"

नन्हीं सी वो चिड़िया,
देखो आज उड़ना चाहती है,
थोड़ा गिरना और फ़िर संभलना चाहती है।
दूर कहीं आसमाँ में,
हवा से टकराना चाहती है,
और हौसलों की उड़ान भरना चाहती है।
पर मौजूद हैं वहाँ कुछ गिद्ध,
जो वासना के भूखे हैं।
निगाहें बड़ी तेज़ हैं उनकी,
और चीरना चाहते हैं वो,
नन्हीं सी चिड़िया के पंख।
मासूम सी जान है वो,
कभी घोसले के बाहर नहीं जो निकली।
अब उन गिद्धों का सामना कैसे वो करेगी?
क्या वो डरेगी, नहीं वो तो लड़ेगी ।
हाँ छोटी है, पर वो इस गति से उड़ेगी,
कि उन गिद्धों को अपनी रफ़्तार से चूर कर देगी ।
नन्हीं सी वो चिड़िया,
देखो आज उड़ना चाहती है...
-ओमिशा

5. "अंधेरे बंद कमरे"

अंधेरे बंद कमरे,

खिड़कियां बंद,

दरवाज़े बंद।

दीवारें कान खड़े किए हुए,

किसी के हंसने- गुनगुनाने

की आस लिए हुए।

पंखा सहमा सा,

धीमे- धीमे चलता हुआ,

स्वयं की गति से लड़ता हुआ।

पर्दे लटके हुए सालों से,

उम्मीद लिए कोई समेट दे उन्हें,

कड़कती धूप से आराम दे उन्हें।

आइना तरसता हुआ,

कोई मुझमें झांक, ख़ुद को निहारे,

अपने भीतर के इंसान को संवारे।

बिस्तर रोता हुआ, कहता हुआ,

कोई आंखें खोल दे उसकी,

पड़ा है जो बिस्तर पर और भर रहा सिसकी।

खिड़कियां कहती हुईं,

कोई खोल दे, बाहर की हवा आने दे,

सांस ले, बीती बातों को जाने दे।

दरवाज़े आवाज़ लगाते हुए,

मंज़िल सामने है, कोई निकले,
भूलकर सब पिछला, बस चल दे।
अंधेरे बंद कमरे, चीखते हुए,
चिल्लाते हुए, देखो आवाज़ लगाते हुए,
कह रहे खोल दे, बंद रास्ते सभी खोल दे।
-ओमिशा

6. "महिला प्रधान समाज का निर्माण"

सोच पिंजड़ा है, और मन है कैद पंछी,
चलो ये रिवायतें तोड़ खुद को रिहा किया जाए।
सोने की थाल और चाँदी की जाल छोड़कर,
दूर कहीं आसमाँ में अपने पंख खोलकर, थोड़ा खुलकर
जिया जाए।
तितलियों की तरह कोमल नहीं, थोड़ा कठोर बनकर,
फूलों से नहीं, चलो काँटों से बैर मोल लिया जाए।
पूरी तरह आज़ाद होकर, बेबस सारी बंदिशें तोड़कर,
किसी और का नहीं खुद को सिर्फ़ अपना ही नाम दिया
जाए।
पलकों तले आँसू नहीं, फ़लक की एक झलक लेकर,
इस बेरहम ज़माने को दिखा, उनकी अंधी आँखें खोल दिया
जाए।
हाथों में जो चूड़ियाँ हैं, सिर्फ़ चूड़ियाँ नहीं ये बेड़ियाँ हैं,
चलो इन्हें कहीं दूर फेंक, ज़ुल्म की खनक से दूर किया
जाए।
पायल से घायल हों अगर पैर, तो इन्हें भी उतार,
अपने कदमों को मंज़िल की ओर राह दिखा मोड़ लिया
जाए।

-ओमिशा

बनकर एक अबला नारी, और सिर्फ़ रेशम की साड़ी ही
नहीं,
आज चलो खादी पहनकर, अपनी सख़्त पहचान बना लिया
जाए।
अब सिर्फ़ दिन में ही नहीं, रात में भी बेखौफ़ जिया जाए,
और इन आबरू से खेलते कातिलों को चलो बर्बाद किया
जाए।
अन्याय के विरुद्ध एक युद्ध आरंभ किया जाए,
और एक नया जहाँ बना महिला- प्रधान समाज का निर्माण
किया जाए।
-ओमिशा

7. "काश"

कुछ बना दो ऐसा मुझको,
कि मैं दे सकूँ मुस्कुराहट सबको।
मिलकर मुझसे, लोगों के गम,
काश हो सकें बहुत ही कम।
कुछ बारिश सी झलक दो मुझको,
कि देखकर मुझको, सब याद करें रब को।
काश आने से मेरे, छा जाए चारो तरफ हरियाली,
और चमक उठे, पेड़ों की एक-एक डाली।
और काश मैं बन सकूँ उनकी प्रेरणा,
जो चाहते हैं मुझे बिना किसी घृणा।
काश मैं आगे बढ़ूं और लोगों का सहारा बनूँ,
और इस छोटी सी जिंदगी में बहुत कुछ कर सकूँ।
-ओमिशा

8. "जी चाहता है, मैं उड़ जाऊं"

जी चाहता है, मैं उड़ जाऊं,
बनाकर रंगीन सी एक पतंग,
जो बिना कीसी डोर की हो।
किसी मस्त मल्लिका की भाँति,
अपनी ही धुन में, गाती हो,
मंडराती हो, या दूर कहीं,
आसमां से टकराती हो।
जी चाहता है मैं, उड़ जाऊं,
बनाकर पेंसिल से एक चिड़िया,
जो सोच के पिंजड़े से मुक्त हो,
किसी बावली-लाडली की भांति,
इतराती हो , लहराती हो ।
और बंदिशें तोड़ रिवायतों की,
एक झटके में फुर्र हो जाती हो।
जी चाहता है, मैं उड़ जाऊं,
बनाकर कागज़ की एक जहाज,
जो बिना किसी भय के हो।
और हवा नहीं, तूफ़ान की भांति,
इस रफ़्तार से उड़ना चाहती हो,
कि जैसे कोई कैंची, बादलों को चीरते,

अपनी राह बनाते हुए जाती हो।
जी चाहता, मैं उड़ जाऊँ,
बनाकर अँधेरे में कुछ जुगनू,
जो जलते-बुझते, झिलमिलाते हों।
या टिमतिमाते तारों की भाँति,
जगमगाते-डगमगाते, जाते हों ।
जी चाहता है मैं उड़ जाऊँ...
जी चाहता है मैं उड़ जाऊँ....
-ओमिशा

9. "कल हो ना हो"

इन चाँद की किरणों को, नज़रों में बसाना है,
कल नज़रे हो ना हों, हमें चाँद को पाना है।
अपनों के हाथों को हाथों से मिलाना है
कल अपने हो ना हो, कहाँ उनका ठिकाना है।
बारिश की बूँदों से, आँखों को धोना है,
कल बारिश हो ना हो, जीवन ये सलोना है।
होली के रंगों से, जीवन को रंगना है,
कल जीवन हो ना हो, अंधेरों का कहना है।
फूलों की खुशबू को साँसो में भरना है,
कल साँसे हो ना हो, तूफ़ाँ से लड़ना है।
इन ऊँची मीनारों की ये दुनिया दीवानी है,
कल दुनिया हो ना हो, मीनारें ढह जानी हैं।
पतंगों के धागों से, हमें पेंच लड़ानी है,
कल धागे हो ना हो, ऊँचाई हमें पानी है।
सपनों के स्याही से, लिखनी एक कहानी है,
कल स्याही हो ना हो, ऐसी ज़िंदगानी है।
-ओमिशा

10. "मृगतृष्णा"

कदम तो चल रहे हैं तुम्हारे,
पर क्या तुम वाकई में चल रहे हो?
नहीं तुम तो कहीं खो गए हो।
आँखें भले ही खुली हैं तुम्हारी,
पर वास्तव में तुम सो गए हो।
किसी भटकते मृग के समान,
जो तृष्णा की लालसा में चूर हो,
ठीक वैसे ही तुम भी हो गए हो।
मृग मिरिचिका तो सिर्फ़ मिथ्या है,
फिर क्यों तुम उस ओर गए हो?
कि जैसे कि मृग भ्रमित हो जाता है,
कस्तूरी की खोज में खुद को तड़पाता है।
वैसे ही तुम भी गुमराह हो गए हो।
मंज़र तक जाने की आस में,
क्यों तुम खंजर हो गए हो?
इत्र तो उसके तन पर ही होता है,
पर मृग को लगता है कि वन में होता है।
इसी तृष्णा में तुम भी खो गए हो।
मंज़िल तुम्हारी, तुम्हारे मन में ही है,
फिर क्यों तुम ख़ुद से दूर हो गए हो?
या जैसे कोई प्यासा हुआ मुसाफ़िर,
जो दर- बदर रगिसताँ में भटकता है।

ऐसे ही तुम भी पिपासित हो गए हो।
जहाँ तुम हो, वहाँ सब माया ही तो है,
फ़िर क्यों तुम आकर्षित हो गए हो?
प्रतिबिंब की झलक दिख जाने पर,
पथिक जैसे प्रफुल्लित हो जाता है,
वैसे ही तुम भी तो मोहित हो गए हो।
जो भी है, सब माया- जाल ही तो है,
फ़िर क्यों तुम उस ओर गए हो?
-ओमिशा

11. "कुछ कर के तो देखो"

ज़रूरतमंदो की सहायता करके तो देखो,
खुशी ना मिले तब कहना |
गरीबों में भोजन बांटकर तो देखो,
सम्मान ना मिले तब कहना।
प्यासे को पानी पिलाकर तो देखो,
सुकून ना मिले तब कहना |
इस दो पल की ज़िंदगी में कुछ करके तो देखो,
संसार में नाम ना हो तब कहना ||
अपनों को अपनाकर तो देखो,
अपनापन ना मिले तब कहना।
अंधे का सहारा बन कर तो देखो,
भला ना हो तब कहना।

-ओमिशा

लोगों में प्यार बाँटकर तो देखो,
वापस प्यार ना मिले तब कहना ।
इस दो पल की ज़िंदगी में कुछ करके तो देखो
संसार में नाम ना हो तब कहना।।
जीवन में पुण्य कमाकर तो देखो,
स्वर्ग ना हो तब कहना ।
दोस्तों के लिये त्यागकर तो देखो,
दोस्ती काम ना आए तब कहना।
कुछ मेहनत करके तो देखो,
मंज़िल ना मिले तब कहना।
इस दो पल की ज़िंदगी में कुछ करके तो देखो,
संसार में नाम ना हो तब कहना ।।

-ओमिशा

12. "दे सके"

कि जैसे ये बूंदे छू रही हैं पत्तों को,

ठंडक दे रही हैं ज़मीं में तपती लौ को,

ठीक वैसे ही कुछ बूंदे ऐसी भी तो हों,

जो दुनिया में मची इस हलचल को थाह दे सके।

कि जैसे ये हवा मस्तमौला अपनी ही धुन में,

खिड़कियों के अंदर जा खेल रही है,

ठीक वैसे ही कोई हवा ऐसी भी तो हो,

जो बिन सांस के तड़पते हुए लोगों को सांस दे सके।

कि जैसे ये मौसम आज इतना प्रफुल्लित हो उठा है,

मिट्टी की ख़ुशबू से सब कुछ सुगंधित कर रहा है,

ठीक वैसा ही एक मौसम ऐसा भी तो हो,

जो मौत के अंधियारे में जीवन की राह दे सके।

कि जैसे घनघोर बारिश के बाद,

आती हैं आफ़्ताब में धूप की नई किरणें,

ठीक वैसी ही कुछ किरणें ऐसी भी तो हों,

जो निराशा से हारे मन को नई आस दे सकें।

-ओमिशा

13. "देश का गरीब"

हालातों से मजबूर
वो मेहनत करके चूर है।
पसीने भरा प्याला है,
वो सूखी रोटी का निवाला है।
कुपोषण से बीमार है,
पर दवा बिन लाचार है।
ना जूता उसने डाला है,
पड़ गया पाँव में छाला है।
न बदन पर कुछ खास है,
सिर्फ़ फटा हुआ लिबास है।
गरीबी का बोझ ढोता है,
और अखबार बिछाकर सोता है।
वह भटकता हुआ परिंदा है,
और बिना घासले के ज़िंदा है।
उसके दर्द का न कोई मर्ज़ है ,
और कर्ज उस पर दर्ज है।
वह मजदूर या किसान है,
हाँ मजबूर वह इंसान है।।
उसका जो छोटा बच्चा है,
उम्र में वह अभी कच्चा है।
बाल- मजदूरी का बन गया शिकार है.
और ना पढ़ने का मिल रहा अधिकार है।

कितना असहाय अभी फिलहाल है,
देखो कैसा बेबस और बेहाल है।
वह मौत के बेहद करीब है,
वह देश का गरीब है।
वह देश का गरीब है।।
-ओमिशा

14. "ख़ुद पर भरोसा"

कुछ पाने की आस लिए,
आंखों में झलकते कुछ 'काश' लिए
जो तुम निकले हो घर से,
जीतकर अपने डर से।
तुम पांव अपने जमाएं रखना,
ख़ुद पर भरोसा बनाए रखना।
तुम चलना, कभी भी रुकना मत,
हों लाख मुश्किलें झुकना मत।
रास्ते तो होंगे ही तमाम,
पर सोच समझकर चुनना,
और धूप- छांव में, फर्क न करना,
तुम क्या हो, तुम कौन हो ?
अब शांत नहीं, ना ही मौन हो।
पुराना सब पीछे छोड़,
एक नया आगाज़ हो,
आख़िर अपनी ही तो आवाज़ हो।
कर ख़ुद पर यकीन,
किसी और से तुम ना तुलना करना।
होंगे लोग तुमसे बेहतर, पर तुम उनके जैसा न बन,
एक अलग ही पहचान बना,
नया उदाहरण सामने करना।
-ओमिशा

15. "मेहनत रंग लाती है"

धूप- धूल के ज़िंदा क्षण में,
इतने ऊँचे नील गगन में।
मीलों दूर जाती है चिड़िया,
तिनकों को लाती है चिड़िया।
ख़्वाब के अपने पंख खोलकर,
तिनका-तिनका साथ जोड़कर।
जब घर अपना, बनाती है,
तब मेहनत रंग लाती है।
तब मेहनत रंग लाती है।।
जब नन्हें भँवरे आते हैं,
तब पुष्प- पुष्प की तंद्रालस को,
डाल पर लिपटी हर आलस को,
गुमसुम सा कर जाते हैं।
फूलों के रंग-बिरंगे तन पर,
रस लेते हैं छोटे मधुकर।
जब रस वह बन जाती है,
तब मेहनत रंग लाती है।
तब मेहनत रंग लाती है।।
देश के अपने सीमा तट पर,
जन्मभूमि के ऊपर छत पर।
बंदूकों को पीठ पर लादे,
दुश्मन को गोली से उड़ाते।

-ओमिशा

ऐसे होते हैं वीर जवान,
जो दिखते सारे एक समान।
जब देश जीत मनाती है,
तब मेहनत रंग लाती है।
तब मेहनत रंग लाती है।।
-ओमिशा

16. "धरती माता"

जिसे तुम माता कहते हो- धरती माता,
उसकी आराधना करते हो, पूज्य मानते हो,
फिर क्यों तुम उसे सताते हो ?
जिसे तुम देवी कहते हो- गंगा और यमुना,
उसकी पवित्रता की गाथा गाते हो,
फिर क्यों तुम उसमें कूड़े बहाते हो ?
जिसे तुम पिता मानते हो- वृक्ष,
उसकी छाया में ख़ुद को सुरक्षित पाते हो,
फिर क्यों तुम उसे ही कलम कर देते हो ?
जिससे तुम्हारी साँसे चलती हैं- हवा,
उसी के अधीन तुम जीवित हो,
फिर क्यों तुम उसे दूषित करते हो?
जिसकी ऊँचाई को तुम छूना चाहते हो- पहाड़,
उसके अनुपम रूप से तुम मोहित हो जाते हो,
फिर क्यों तुम उसे तोड़, सड़कें बनाते हो ?
जहाँ लाखों जीव निवास करते हैं- वन,
उसी पर आश्रित तुम भी तो होते हो,
फिर क्यों तुम जंगल में आग लगाते हो?
नदी, हवा, पहाड़, वृक्ष या वन,
इन्हीं से तुम अपनी जीविका चलाते हो,
फिर क्यों तुम इन्हें प्रदूषित बनाते हो ?
-ओमिशा

17. "बावरा मन"

स्थिर नहीं ये बावरा मन है,
स्थिर नहीं ये बावरा मन है।।
चाँद सा ये कुछ साया मन है,
अपना है या पराया मन है।
सपनों का तो आँचल मन है,
अपनों सा कुछ चंचल मन है।
उम्मीदों का कायल मन है,
उम्मीदों से घायल मन है।
राह पर चलता- फिरता मन है,
गिरता और फ़िर उठता मन है।
रात के डर में अकेला मन है,
उजियारे में सवेरा मन है।
भादो है या सावन मन है,
सच्चाई से पावन मन है।
वसंत ऋतु में निखरा मन है,
पतझड़ में कुछ बिखरा मन है।
बादल सा मनमानी मन है,
आँखों का कुछ पानी मन है।
स्थिर नहीं ये बावरा मन है,
स्थिर नहीं ये बावरा मन है।।
-ओमिशा

18. "चाँद"

चाँद को ज़्यादातर दर्शाया गया,
प्रेमियों द्वारा उनकी माशुकाओं के लिए।
उनकी सुंदरता की उत्प्रेक्षा की गई,
चांद के चमकते- दमकते तन से।
चाँद को दिखाया गया,
खुबसूरती के तौर पर।
उसकी अपेक्षा की गई,
नारी के गुल-ऐ-बदन से।
चाँद को बताया गया,
महज़ एक ख़्वाब।
उसके जगमगाहट की प्रेक्षा की गई,
किसी स्त्री के प्रज्वलित मन से।

चाँद के श्वेत रंग को,
शांतिपूर्ण बताया गया।
पर कभी नहीं बताया गया,
उस पर मौजूद दाग़-धब्बों के बारे में।
चाँद के पूर्ण रूप को,
सराहा गया, सौम्य कहा गया।
पर हमेशा छुपाया गया,
कहानी सांवली रात के बारे में।
चाँद को हर एक नज़रिए से,
मन को लुभाने वाला, कहा गया।
पर कभी नहीं कहा गया,
चाँद को सिर्फ़ "चाँद", कुछ और नहीं।
-ओमिशा

19. "ना जाने किधर मैं बढ़ती जा रही हूँ"

आँखों में ख़्वाब लिये,
हवा के साथ बहती जा रही हूँ।
गुलाब की तलाश में,
काँटों को मैं सहती जा रही हूँ।
अपनी ही बनाई मीनारों में,
जाने क्यों अब ढहती जा रही हूँ।
और बिन कुछ कहे ही,
हज़ारों बातें कहती जा रही हूँ।
ख़ुदा की आबाद बस्ती में,
ख़ुद से ख़ुद तक बिकती जा रही हूँ।
कोहरे में कहाँ ठिकाना कोई,
फ़िर क्यों यहाँ मैं टिकती जा रही हूँ।
ओस की बूँदों सी मैं,
ओझल सी कुछ दिखती जा रही हूँ।
और बिन कलम उठाये ही,
जाने क्या मैं लिखती जा रही हूँ।
दहलीज़ पर कहाँ नाम है मेरा,
पर फ़िर क्यों उस ओर बढ़ती जा रही हूँ।
जिसका कोई अंत नहीं,
ऐसी सीढ़ी मैं चढ़ती जा रही हूँ।

-ओमिशा

स्याही तो अब सूख रही है,
अब रूखी रचनाएँ गढ़ती जा रही हूँ।
और बिन शब्दों के ही,
खाली पन्नें पढ़ती जा रही हूँ।
ना जाने मैं किधर बढ़ती जा रही हूँ ।।
ना जाने मैं किधर बढ़ती जा रही हूँ ।।
-ओमिशा

20. "दिल या दिमाग"

भरी सड़क, कई अंजान चेहरे,
चेहरे के पीछे रहस्य हज़ार लिए,
ना जाने वे क्या कहना चाह रहे।
भीड़ को देखकर, मैं घबरा रही,
कि जो सही दिख रहा,
क्या वाकई वही है सही ?
या जो गलत दिख रहा,
कहीं वही तो नहीं सही।
इसकी सुनूं या उसकी सुनूं,
आखिर मैं सुनूं तो किसकी सुनूं?
तो क्यों ना मैं दोनों की ही सुन लूं,
एक ने दूसरे को गलत ठहराया,
और दूसरे ने पहले पर लांछन लगाया।
जिसे हम चेहरे का नाम दे रहे,
वो कोई दूसरा या तीसरा इंसान नहीं।
वो तो हमारे अंदर, हमारे भीतर ही है कोई,
हां वो कोई और नहीं,
बल्कि हमारे अंदर पल रहे दो शैतान हैं कोई।
ये जो जंग छिड़ी है,
कोई छोटी -मोटी जंग नहीं,
ये तो दिल और दिमाग की जंग है।
दिल अभी बच्चा है,

-ओमिशा

अक्ल से थोड़ा कच्चा है।
पर बच्चे तो सच्चे होते हैं ना,
कोई छल या कपट नहीं जानते,
किसी बात का बुरा भी नहीं मानते।
बिन कुछ सोचे समझे,
जो मन में आया करते हैं।
कभी पेड़ पर चढ़ते हैं,
फिर पेड़ से गिरते हैं।
कभी दौड़ लगाते हैं,
और चोट भी खाते हैं।
कभी आपस में लड़ते हैं,
फिर गले भी मिलते हैं।
वो जो सिर्फ़ नहीं करते हैं,
वो है कि, वो डरते नहीं हैं।
पर फिर क्यों बच्चे कच्चे हैं,
क्योंकि बच्चे तो बच्चे हैं।
होते तो वो जिद्दी हैं,
पर अक्ल से तो अभी पिद्दी हैं।
हां वो नहीं डरते कभी,
ना गिरने से ना चोट खाने से,
क्योंकि उन्हें ज़ख्म का अंदाज़ा नहीं होता।
वो तो सिर्फ़ उतना जानते हैं,
जितना वो देखे होते हैं,
वो घर, वो स्कूल, वो गली,
या फिर वो मोहल्ला।
पर नहीं देखे होते हैं वो,
वो शहर, वो देश, या पूरी दुनिया।

हां वो देखे होते हैं कुछ लोग,
जैसे मां- बाप का प्यार,
कुछ दोस्त, कुछ यार।
पर नहीं देखे होते हैं वो,
वो दरिंदे, वो बेरहम परिंदे,
जो काट खाने को घूम रहे होते हैं।
इसलिए ही तो दिल अभी बच्चा है,
और अक्ल से थोड़ा कच्चा है।
अब बारी आती है दिमाग की,
दिमाग तो उम्र में बड़ा है,
सभी मुश्किलों से लड़ा है।
गुड़ा, भाग, जोड़ना, घटाना,
दूर से ही अंदाज़ा लगाना,
वो सब कर लेता है।
हां कर लेता है वो,
वो सब कुछ जो दिल नहीं कर पाता,
जैसे पतंगों की पेंच लड़ाना,
सतरंग में बाज़ी पलटाना,
या खेल में दूसरों को हराना।
दिमाग तो बड़ा तेज़ निकला,
कितनी भी गर्मी में नहीं पिघला।
या कितनी भी ठंड में नहीं जमा,
और अंत तक अपने पांव जमाए रखा।
बारिश भी हुई तो वो नहीं बहा,
अपनी बातें भी किसी से नहीं कहा ।
तो ऐसे में क्या करें, दिमाग को चुनें?
दिमाग को तो उड़ना आता है,

-ओमिशा

लड़ना आता है, बाज़ी पलटाना आता है,
लगता है उसे सब कुछ ही आता है।
नहीं उसे सब कुछ नहीं आता,
अब क्या नहीं आता उसे?
उसे नहीं आता हार कर भी जीतना,
उसे सिर्फ़ आता है हराकर जीतना।
यूं ही नहीं कहा गया है कि,
हार कर भी जीतने वाले का नाम बाज़ीगर है।
दिमाग तो सिर्फ़ दौड़ता, भागता है,
पर सफ़र का असली आनंद नहीं जानता है ।
और अंत में रण भूमि तो उसकी होती है,
पर उसके मन में शांति कहां होती है।
क्योंकि वो नहीं सीखा होता है,
कुछ चीज़ें, जैसे- हंसना, मुस्कुराना,
या फिर थोड़ा सा बचपना दिखाना।
छोटे- छोटे कदम बढ़ाना,
जैसे कि औरों के लिए,
अपने हिस्से की थोड़ी सी ही सही,
पर कुछ खुशियां उनके नाम कर देना।
अब वक्त आता है फैसले का,
आखिर मैं किसका पक्ष लूं,
और किसका साथ छोड़ दूं।
कौन से चेहरे को चुनूं इस भीड़ में,
क्योंकि मुखौटे के पीछे तो दूसरा ही चेहरा है।
एक चेहरा जो कि दिल है,
वो अभी बच्चा है और अक्ल से कच्चा है।
दूसरा चेहरा जो कि दिमाग है,

वो उम्र में तो बड़ा है,
पर उसके सफ़र में सुकूं कहां है।
सवाल अब भी वही है,
कि मैं किसको चुनूं,
दिल को या दिमाग को।
अंतर्मन से आवाज़ आ रही आज कुछ,
कि दिल भी सही है और दिमाग भी,
और दिल भी गलत है और दिमाग भी।
तो क्यों ना मैं दोनों में से किसी को ना चुनूँ,
और अंतर्मन से आने वाली आवाज़ को सुनूं।
-ओमिशा

21. "कुछ लोग"

कुछ लोग छोड़कर चले गए,
कुछ हैं अभी भी साथ खड़े।
पुराने सभी दिनों को भुलाकर,
चंद कुछ गलतियां गिनवाकर,
हां चले गए वो, हकीकत दिखाकर।
बचपन बिताया जिनके साथ,
आज छूट गया उनका ही हाथ।
जो लुका- छुपी में छुप जाया करते थे,
पकड़म- पकड़ाई में दूर भगाया करते थे,
अब किसे मालूम था,
आज वो ही इतने दूर हो जाएंगे।
न कोई रहस्य थे, न बातें छुपाते,
सब कुछ एक दूसरे से थे बताते।
तो कहां गया। वो अपनापन,
अब क्यों नहीं मिलता मन?
जब कभी मिलते तो पूरे घर को,
सिर पर उठा लिया करते थे।
आपस में लड़ते थे,
पर फिर मना लिया करते थे,
तो अब हमारे दरमियां इतनी दूरी कैसे?
बचपन बीत गया,
बचपना चला गया,

अब तो बड़े हो गए।
मासूमियत के साथ,
वो सभी खेल भी खत्म गए।
पहले वाले दिन नहीं रहे,
अब कहां रहे हम वैसे,
ना वो हैं, ना हम हैं पहले जैसे।
-ओमिशा

22. "चाहती हूँ मैं"

समझना चाहती हूँ मैं,
आपकी ख़ुशी के संगम को,
या ग़म में उलझन को।
आपकी जीत की सरगम को,
या हार की चुभन को।
सुनना चाहती हूँ मैं,
आपकी अनकही बात को,
या अनकहे जज़्बात को।
आपके दिल की आवाज़ को,
या मौन होने के राज़ को।
पढ़ना चाहती हूँ मैं,
कोरे काग़ज़ में अल्फ़ाज़ को,
उनमें छुपे हुए ऐजाज़ को।
आपके हर एक अंदाज़ को,
या बिगड़े हुए मिजाज़ को।
मिटाना चाहती हूँ मैं,
आपकी हर एक तड़पन को,
और आँखों की थकन को।

आपके डर की कंपन को,
या बिखरे हुए दर्पण को।
बढ़ाना चाहती हूँ मैं,
आपके आत्मविश्वास को,
या घटती हुई श्रवास को।
आपके हर्ष या उल्लास को
और ख़ुद पर विश्वास को।
-ओमिशा

23. "तेरे नाम करते हैं"

चलो ये ज़िंदगानी तेरे नाम करते हैं,
ढलते हुए दिन में उजाली शाम करते हैं।
ये बंदिशें तोड़ रिवायतों की,
मोहब्बत आज सरेआम करते हैं।
ख़ुदा की इनायत है तो,
दुआओं में सिर्फ़ तुझको ही अंजाम करते हैं।
मशरूफ़, इस महफ़िल से अलग,
इबादत तेरे वास्ते हज़ारों और तमाम करते हैं।
कायनात की रंज़िशों से दूर कहीं,
ख़्वाबों को उल्फ़त में इल्ज़ाम करते हैं।
हाँ ये इश्क़ बदनाम है,
पर चलो मुकम्मल कर इश्क़ को सलाम करते हैं।
तक़दीर की शोखियों को छोड़,
कुर्बत में शमा जला गुमनाम करते हैं।
शिद्दत से और सिर्फ जन्नत में ही नहीं,
कब्र में भी एक दूसरे को मुकाम करते हैं।
चलो ये ज़िंदगानी तेरे नाम करते हैं,
चलो ये ज़िंदगानी तेरे नाम करते हैं।
-ओमिशा

24. "कहाँ होगी"

एक दूसरे को पहचानते, पर फ़िर भी नहीं जानते थे,
हम अंजान थे, नादान थे, अब वैसी दास्ताँ कहाँ होगी।
मुसाफ़िर थे, राह में मिल भी जाते थे अगर,
तो बिन बोले गुज़र जाते थे, अब जुबाँ ये बेजुबाँ कहाँ
होगी।
हम नदी के दो किनारे थे, सोचा न था मिलेंगे कभी,
हमें इस तरह मिलाने वाली वो नाँव, हमारे दरम्याँ कहाँ
होगी।
बदलते मौसम में, कभी बरसात का आना तो कभी बादल
छा जाना,
एक बार ये वक्त ढल जायेगा, तो फ़िर से ये उम्र जवाँ
कहाँ होगी।
तूफाँ का क्या भरोसा करना, हवा चली अगर,
तो जगमग ये दीये बुझ जायेंगे, तब रौशन ये शर्माँ कहाँ
होगी।
घंटियाँ नहीं बजेंगी मंदिर में, पर शोर तो होगा ना दिल
में,
कहीं नज़र लगी रिश्ते को, तो शांति आसमाँ में कहाँ होगी।
कुछ समय का खेल, तो कुछ ज़माने की साज़िश होगी,
मकाँ तो होगा रहने को, पर पहले जैसी वो खिड़कियाँ कहाँ
होगी।
आँखों में अश्क लिये, दोनों की मजबूरी पत्थर सी होगी,

नर्म तो होंगे हम, पर हमारे बीच नज़दीकियाँ कहाँ होगी।

क्या चीज़ है तलवार, उससे कई गुना ज़्यादा धार होगी,

और लोग तो करेंगे ही वार, अब ये दुनिया इतनी मेहरबाँ
कहाँ होगी।

फ़िर एक दिन शहनाई बजेगी, पर कोई और आपकी
साहिबा होगी,

तक़दीर उसकी होगी, मेरी डोली आपके लिये रवाँ कहाँ
होगी।

मैं आपकी दिलों- जाँ, वहाँ शामिल रहूँगी, पर दूर कहीं
खड़ी रहूँगी,

उस रात में अलग सी बात होगी, और फ़िर वैसी फ़िज़ाँ
कहाँ होगी।

ज़ख़्म भी नहीं, दर्द भी नहीं, ना कोई दर्द- दवा होगी,

मौत तो होगी नहीं मेरी, पर जिंदगी भी "जिंदगी" कहाँ
होगी।

तो क्या हुआ आप नहीं साथ होंगे, पर उजाले तो यादों के
साथ होंगे,

उम्र गुज़र जायेगी, पर दोबारा ये मोहब्बत बेइंतेहाँ कहाँ
होगी।
-ओमिशा

25. "सिलूँ कैसे ?"

होंठ तो सिल लिये हैं मैंने,
पर ज़ख़्म जो दिल में हैं, वो मैं सिलूँ कैसे?
कहते हैं वो भूल जाने को,
लो माना भूल गई मैं, पर बीते उन लम्हों को मैं भूलूँ
कैसे?
हाँ बदल गई है आज उनकी लिखावट,
पर किताब तो पुरानी है, तो नए पन्नों को मैं खोलूँ कैसे?
वो जो कभी दीप हुआ करते थे,
आज वो लापता हैं, अब इस अमावस में खुद को संभालूँ
कैसे?
हमसफर नहीं, मुसाफिर बन गए हैं आज,

तो अकेले मंज़िल को गले लगा लूँ कैसे?
उनके अल्फ़ाज़ों में मेरा अब ज़िक्र नहीं,
पर जज़्बातों को उन ज़हन से निकालूँ कैसे?
क्या बात थी उन चंद मुलाकातों में,
अब जब मुलाकात नहीं तो खुद को मैं सजा लूँ कैसे?
बादल तो हैं पर बरसात नहीं,
तो बारिश में बदन ये भीगा लूँ कैसे?
कहते हैं वो भूल जाने को,
लो माना भूल गई मैं, पर बीते उन लम्हों को मैं भूलूँ
कैसे?
होंठ तो सिल लिये हैं मैंने,
पर ज़ख़्म जो दिल में हैं, वो मैं सिलूँ कैसे?
-ओमिशा

26. "क्या ?"

ये जो रात है,
बड़ी अंधेरी है।
सांवली इस रात में,
क्या तुम मेरा साथ,
दोगे क्या ?
और जो दे भी दिया साथ,
तो क्या तुम,
ये साथ बनाए रखोगे क्या ?
ये जो सड़क है,
बड़ी सूनसान है,
वीरान इस सड़क पर,
क्या तुम मेरा हाथ,
थाम लोगे क्या?
और जो थाम भी लिया हाथ,
तो क्या तुम,
ये हाथ थामे रखोगे क्या ?
ये जो हवा है,
बड़ी तेज़ है।
आंधी के इन झोखों से,
क्या तुम मुझे अपनी आड़ में,
छुपा लोगे क्या ?
और जो छुपा भी लिया अगर,

-ओमिशा

तो क्या तुम,
आगे भी छुपाए रखोगे क्या ?
ये जो सफ़र है,
बड़ा अतरंगी है।
अंजान इन रास्तों पर,
क्या तुम मुझे, सही राह
दिखा दोगे क्या ?
और जो दिखा भी दी राह,
तो क्या तुम,
उस राह का हिस्सा बनोगे क्या ?
-ओमिशा

27. "एक लड़की"

वो लड़की,

जो ख़ुद से खुश ना हो,

जिसमें संतोष ना हो,

जिसमें जोश ना हो।

जिसमें सब्र ना हो,

जो बेसब्र भी ना हो।

जो सहनशील ना हो,

जो स्थिर ना हो।

तो दुनिया के लिए,

ऐसी लड़की,

भला क्या कहलाएगी,

कहलाएगी वो एक-

"हारी हुई लड़की"।

वो लड़की,

जो लड़ रही हो ख़ुद से,

पर उसे पता ना हो,

कि लड़ क्यों रही ?

जो बस डर रही हो,

कभी दुनिया से,

कभी ख़ुद से।

जो बस चल रही हो,

पर ऐसी चाल,

जो कोई चाल ही ना हो।
तो दुनिया के लिए,
ऐसी लड़की,
भला क्या कहलाएगी ?
कहलाएगी वो एक-
"हारी हुई लड़की"।
वो लड़की,
जो समझ ना पाई उन्हें,
जिनके छांव तले वो,
पली- बढ़ी हो।
पर चाहती हो वो,
उन्हें समझना।
उनकी हर एक इच्छा,
पूरी करना।
पर कर ना पा रही हो,
आख़िर क्यों?
क्योंकि वो उलझी हुई है।
आख़िर कहां उलझी हुई?
अपने ही विचारों में उलझी हुई।
तो दुनिया के लिए,
ऐसी लड़की,
भला क्या कहलाएगी ?
कहलाएगी वो एक-
"हारी हुई लड़की"।
वो लड़की,
जो रूठी हो ख़ुद से,
पर ख़ुद को ही,

मना ना पा रही हो।
ख़ुद पर ही भरोसा,
ना बना पा रही हो।
तो कैसे वो,
ख़ुद को मनाएगी?
ख़ुद को समझाएगी?
ख़ुद को सुलझाएगी?
तो दुनिया के लिए,
ऐसी लड़की,
भला क्या कहलाएगी ?
कहलाएगी वो एक-
"हारी हुई लड़की"।
वो लड़की,
पर असल में,
एक हारी हुई लड़की नहीं,
बस चाहिए कि उसे,
कोई तो मनाए,
कोई तो समझाए,
कोई तो सुलझाए।
क्योंकि वो तो, खोई हुई है।
किसी अंधकार में डूबी हुई है।
ये अंधकार ऐसा- वैसा नहीं,
ये अंधकार निराशापूर्ण है।
तो कोई तो उसे खींच निकाले,
और उसमें थोड़ा आत्मविश्वास डाले।
और जो ऐसा हो गया,
तो वो सब कर लेगी,

और अपने डर से लड़ भी लेगी।
और जब वो डरेगी नहीं,
ना ख़ुद से, ना किसी और से।
तो तब नहीं कहलाएगी वो-
"एक हारी हुई लड़की"
कहलाएगी तब वो,
"एक कभी ना हार मानने वाली लड़की"।
-ओमिशा

28. "एक सवाल"

तो एक सवाल है,
जो न जाने कितने दफ़ा,
मन की खिड़कियों को
टटोलता है,
और बोलता है कि -
"कि तुम कौन हो?"
कहीं ऐसा तो नहीं,
कि तुम सब जानकर भी मौन हो।
आख़िर कैसा सवाल है ये,
जो मेरी पहचान पूछता है।
या कहूं कि मुझसे मेरी ही शान पूछता है।
तो मैं कौन हूं,
कहीं ऐसा तो नहीं,
कि मैं मौन हूं।
तो चलो जवाब ढूंढ ही लेते हैं,
जो प्रश्न सालों से फंसा पड़ा है,
आज उसे सुलझा ही देते हैं।
और जो अगर सुलझा नहीं पाए,
तो क्या हुआ?
सवालों में उलझ ही जाएंगे।

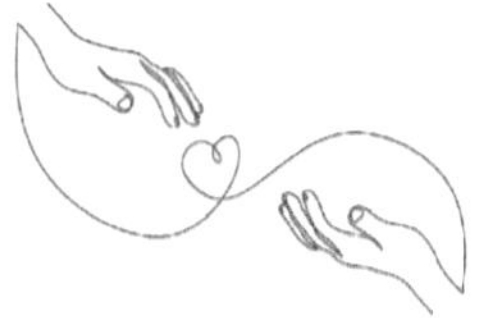

जिस जवाब के पीछे भागे थे,
वो न मिला तो क्या हुआ?
पर कई अन्य प्रश्नों के
उत्तर तो मिल ही जाएंगे।
किसी ने कहा कि मैं शांत हूं,
तो किसी के लिए अशांत हूं ।
अब क्या हूं मैं, और क्यों हूं मैं
ये तो नहीं पता,
पर इतना पता है कि ये दुनिया एक है,
पर हर एक दुनिया अलग है।
तो किसी की दुनिया में,
"कुछ" हूं मैं।

और किसी की दुनिया में,
"कुछ और" हूं मैं।
अब "कुछ" और "कुछ और" में,
क्या हूं मैं?
क्या पता इनमें से हूं ही नहीं मैं।
तो कौन हूं मैं ?
मैं वो हूं, जो मैं "मैं" हूं।
ना कि वो जो मैं दूसरों की दुनिया में हूं।
मैं तो वो हूं, जो मैं ख़ुद की दुनिया में हूं।
-ओमिशा

"जज़्बात"

29. "ज़िंदगी"

ज़िंदगी क्या है? तो चलो मान लेते हैं कि ज़िंदगी खेल के समान है, किसी एक खेल नहीं तमाम खेलों के समान। चाहे क्रिकेट कह लो, चाहे शतरंज। तुम इसे क्रिकेट, शतरंज, हॉकी या फुटबॉल, इनमें से कुछ भी कह लो, ज़िंदगी इन सब खेलों का मिश्रण ही तो है।

तुम खड़े हो गेंद का इंतज़ार करते हुए, जो अगर मौके पर चौका लग गया तो क्या बात और जो न लग पाया तो तुम उदास। यही तो होता है न कितनी दफा हम कितनी गेंदें छोड़ देते हैं और बाद में खुद के लिए बुरा महसूस करते हैं।

पर असली खिलाड़ी तो वही हुआ ना जो पीछे छूटी हुई गेंदों को भूल, आगे आने वाली गेंदों और सबसे ज़रूरी तो जो गेंद सामने है उसपर अपनी नज़र जमाए रखे और इस बार चौका नहीं छक्का लगा दे।

अब शतरंज का खेल भी कम है क्या। हम सब मोहरे ही तो हैं, जो बस एक एक कदम बढ़ा रहे हैं या फिर एक दूसरे को काट रहे हैं। राजा- रानी, हाथी- घोड़े के इस खेल में सबसे अधिक तवज्जो वज़ीर यानी की रानी को दी जाती है और सबसे कम आंका जाता है प्यादे को। पर किसी भी मोहरे को हम हटा दें तो ये खेल अधूरा है। अब जीत तो उसी की होती है जो अपने सभी मोहरों का सही से इस्तेमाल करना जानता है और वक्त आते ही अपनी

बुद्धि से बाज़ी पलटा देता है।

अगला खेल चलो फुटबॉल का मान लेते हैं। तो तुम खड़े हो मैदान में, बॉल को गोल की तरफ ले जा रहे और गोल के काफ़ी करीब आ चुके हो। अब तुमने बॉल को अपने दूसरे खिलाड़ी को दे दिया जिसे गोल करना था। तुम बहुत खुश हो रहे कि अब तो जीत पक्की है पर फिर तुम देखते हो कि वो खिलाड़ी गोल कर ही नहीं पाता है और गोल होते होते रह जाता है। जीत के इतने पास से गुज़रकर हार जाने से तुम्हे कष्ट होता है और तुम सारी गलती ख़ुद की मान बैठते हो। तुम्हें लगता है कि तुमने ही अपना सौ प्रतिशत नहीं दिया जबकि गलती सामने वाली की भी हो सकती है। जानकर तो किसी ने भी गोल नहीं छोड़ा होता पर अंत में ये सब नहीं मायने रखता क्योंकि जो छूट गया सो छूट गया, फिर वो वापस नहीं लाया जा सकता। तो बस कभी भी खुद को पूरे तरीके से दोषी नहीं मानना चाहिए क्योंकि जो होना होता है हो ही जाता है। अब उस बात का अफ़सोस करने से वो चीज़ सही तो नहीं की जा सकती।

अतः हमें ये आभास तो होना ही चाहिए की कोई भी खेल सिर्फ़ खुद के दम पर नहीं चलता। इसे चलाने के लिए बाकी खिलाड़ियों का भी उतना ही योगदान होना ज़रूरी है। अब तुम चाहो की तुम अकेले ही कबड्डी में सामने वाले को परास्त कर जाओ तो ये मुमकिन नहीं है। तुम्हें बाकी खिलाड़ियों की सहायता लगती ही है मंज़िल तक पहुंचने के लिए। तो बस अपने खिलाड़ी ऐसे चुनो जो मुश्किल में काम आ सकें ना कि साथ छोड़ दें।

जीवन की परिभाषा भी तो यही कहती है, कि जो तुम्हारे साथ है उसका साथ बनाए रखो और जो छूटी हुई गेंदों की तरह जाना चाहते हैं, उन्हें जाने दो। तुम जितना थामोगे वो उतना जाना चाहेंगे तो बस जाने दो उन्हें।और सोच समझकर अपने खिलाड़ियों का चुनाव करो, ऐसे लोग जिनके सुख दुख में तुम भी काम आ सको और वो भी तुम्हारा हाथ थामे रख सकें। बाकी अब ज़िंदगी तो एक ही है, तो हार जीत जो मिले उसे पूरे मन से स्वीकार करने और आगे बढ़ने में ही बुद्धिमानी है।

-ओमिशा

30. "ख़ुद की खोज"

ऐसा लग रहा जैसे मैं गायब होती जा रही, जैसे मेरा मुझमे कुछ बचा ही ना हो, जो मैं थी वो मैं रही नहीं और जो मैं बनती जा रही मुझे पता नहीं। कहने को तो सब कुछ है मेरे पास पर फ़िर भी ऐसा लग रहा जैसे कुछ है ही नहीं। क्या ख़ुशी क्या ग़म, अब तो ऐसा लग रहा जैसे कुछ अहसास ही नहीं। ना ही गुस्सा, ना प्यार, ना मुस्कान, ना हँसी, जैसे कोई भावना ही नहीं। सब कुछ अब अजीब सा लग रहा मुझे, लोगों से दूर होती जा रही और ख़ुद से भी। शांति नहीं मन के अंदर, सिर्फ़ लहरे उठती हैं ना जाने कैसी जो एक बार उठकर सब तहस नहस कर देती हैं। अब बस डर लगता है, किस से? दुनिया से, नहीं ख़ुद से। किस बात का डर? डर इस बात का कि कहीं मैं ऐसी जगह ना पहुँच जाऊँ जहाँ से लौट आना असम्भव हो। क्या ऐसी कोई जगह भी है? हाँ है ना, दीन दुनिया से दूर, कहीं ऊँचे पहाड़ों के बीच जहाँ कोई ना हो सिर्फ़ मैं हूँ। ना लोग हों, ना लोगों की मुझसे उम्मीदें और ना मेरी ही उनसे उम्मीदें। कोई भय ना हो, जहाँ मैं खुलकर जी सकूँ, हवाओं को महसूस कर सकूँ, खिलखिला सकूँ और फ़िर किसी पहाड़ के किनारे पर जाकर चिल्ला सकूँ, निकाल सकूँ अपने अंदर की सारी भड़ास। और जब मन हल्का हो जाए तो भी ना लौटूं उस पुरानी दुनिया में जहाँ से मैं आई थी, बस खोजती रहूँ ख़ुद के वज़ूद को जो किसी भी तरह

के बंधन से मुक्त हो। फिर जब रात हो जाए तो खुले आसमाँ के तले तारों को निहारते हुए सो जाऊँ। सुबह उठूं जब तो पाऊँ सिर्फ़ ख़ुद को और भुला दूँ वो सब कुछ जिसे सोचकर मैं शून्य हो जाया करती थी। और बस ऐसे ही ज़िंदगी कटती रहे, भीड़ से कहीं दूर, अकेले किसी पहाड़ पर जहाँ मैं बुद्ध के आदर्शों का पालन करते हुए सभी प्रकार की मोह माया से दूर ख़ुद का अस्तित्व समझ सकूँ।

-ओमिशा

31. "तुम चाँद"

तुम चाँद से हो, जिसे सिर्फ़ दूर से देखा जा सकता है, महसूस किया जा सकता है पर स्पर्श नहीं किया जा सकता। मैं छत पर बैठी कोई बावली हूँ, जो लगातार तुम्हें तकती रहती हूँ, तुम्हारे ख़याल में डूबी रहती हूं। सोचती रहती हूँ, कि कैसे जिस जहाँ में मैं हूँ उसे छोड़कर तुम्हारे जहाँ में आ सकूं, पर तुम इतने दूर हो कि ऐसा लगता है कि तुम तक पहुँचना नामुमकिन है। लोग समझाया करते हैं कि- " चाँद पर तो दाग हैं, धब्बे हैं, गड्ढे हैं, क्या करोगी तुम वहां जाकर ?" पर फिर भी मुझे सबकी बात ना सुनकर तुम्हारे पास आना है। कुछ तो समझते हो तुम भी मुझे, तभी तो तुम भी इतनी दूर से मुझे तकते रहते हो, मुस्कुराते रहते हो। चाहत तो तुम्हारी भी है कि तुम मेरे पास आ सको, पर ये तो सिर्फ़ चाहत और शायद चाहत कभी पूरी नहीं होती। तभी तो ना तुम मेरे पास आ सकते और ना ही मैं तुम्हारे पास आ सकती हूँ। चाँदनी रात हो या अँधेरी रात, तुम खुले आसमाँ में हो या बादल तले छुपे। चाहे जो भी हालात हो, जैसी भी रात हो, हर हाल में मैं तुम्हारे इंतज़ार में खिड़की के पास खड़ी रहती हूँ। तुम्हें खोजती रहती हूँ और शायद तुम भी कहीं छुपकर मुझे देखते रहते हो। फ़िर तुम्हें तकते- तकते, तुम्हारे बारे में सोचते- सोचते मैं सो जाती हूँ। सुबह जब उठती हूँ तो पाती हूँ कि तुम तो महज़ एक ख़वाब हो जो

कभी पूरे नहीं हो सकते।
"तो क्या हुआ तुम पूरे नहीं हो सकते या मेरे नहीं हो सकते, अधूरे ही सही पर हो तो तुम मेरे ही, अधूरे से ख़्वाब जिसे पूरा मैं हकीकत में ना सही पर ख़्वाबों में तो कर सकती हूँ।"
-ओमिशा

32. "रंग"

ये संसार कोई संसार तो नहीं, ये तो जैसे कोई काला रंग
है। इतना गहरा कि किसी और रंग का नाम-ओ-निशान
नहीं। मैं कौन सा रंग हूं मुझे ख़ुद नहीं पता पर फिर भी
चल दी हूं इस काले रंग से लड़कर अपनी पहचान बनाने।
आकर पता लगा कि इस घोर अंधेरे में मेरा तो कोई वजूद
ही नहीं। इतना भयावह है कि किसी और रंग को देखना
तो क्या मैं तो ख़ुद का भी रंग नहीं देख पा रही।
इस अंधकार में भटकी हुई, कहीं डुबकी हुई मैं एक दिन
अचानक आ मिली एक अनोखे रंग से। जाने कौन सा रंग
है पता तो नहीं, या यूं कह लूं की जुगनू सा है, जो
जगमगाता रहता है। उसे शायद पता नहीं पर वो शमा सा
है और मैं परवाने सी जो उसकी चमक की ओर आकर्षित
हो अपना रास्ता तय कर लेती हूं।

वो इकलौता ऐसा रंग है जो पूरी दुनिया से अलग, मतलब तारों सा है जो टिमटिमाता रहता है और अपनी एक झलक से मुझे प्रकाशित कर देता है।

मैं काले रंग में लिपटी हुई कोई और रंग तो नहीं बस काला रंग ही हूं। उसका होना जैसे सफ़ेद रंग का होना है, और उसकी एक बूंद भी जो मुझसे आ मिली है तो मैं कोई चमकीला रंग तो नहीं बन पाई अब तक पर श्याम रंग ज़रूर बन गई हूं। धुंधली सी ही सही या यूं कहूं की ओस के समान जो अभी थोड़ी-थोड़ी ही दिख रही पर एक वक्त आने पर शायद पूरी दिखने लगूं।

-ओमिशा

33. "स्त्री"

एक स्त्री होना आसान है क्या ? आज से कुछ साल पहले तक जब भी किसी स्त्री का जन्म हुआ तो उसका स्वागत मिठाइयों से नहीं बल्कि शोक मानकर किया गया। या फिर इस दुनिया में आने का और यहां की खूबसूरती को महसूस करने का उसे अवसर ही नहीं दिया गया। जो अगर आ भी गई तो इस समाज के सामने उसका कोई वजूद नहीं रहा। बचपन से ही उसे यह अहसास दिला दिया गया कि वो एक स्त्री है और उसके सिर्फ़ दो काम हैं- पहला घर गृहस्थी देखना और दूसरा ये कि एक उम्र होने के बाद पराए घर में ब्याह दिए जाना।

हम चाहे बात करें गांव देहात की औरतों की या दूसरे देशों की बड़ी- बड़ी महारानियों की, दोनों के ही जीवन संघर्षपूर्ण रहे हैं। गांव की औरतों का अस्तित्व सिर्फ़ चूल्हे चौके तक सीमित रहा वहीं अगर हम बात करें महारानियों की तो उनका काम सिर्फ़ बच्चे पैदा करने तक रहा जो आगे जाकर राजगद्दी संभाल सकें।

ना जाने कितने वर्षों तक नारी, भ्रूण- हत्या, सती- प्रथा, बाल- विवाह, दहेज- प्रथा, और तमाम कुरीतियों का शिकार होती रहीं हैं। झेलती रहीं हैं वो ना जाने क्या- क्या, देश दुनिया की नज़रों से बचने के लिए हज़ारों बार झुकती रहीं हैं और ख़ुद की बलि समाज के लिए चढ़ाती रहीं हैं।

अब अगर बात करें इन दिनों की, तो आज वक़्त के साथ काफ़ी कुछ बदल गया है। आज भ्रूण- हत्या काफ़ी हद तक कम हो गई है, लोग बच्चियों के जन्म पर खुशियां मनाते हैं, मिठाईयां बांटते हैं। सती- प्रथा, बाल- विवाह जैसी सामाजिक बुराइयां आज ना के बराबर दिखती हैं।

समय के अनुसार काफ़ी कुछ बदल चुका है, औरतें जागरूक हो चुकी हैं। आज की बेटियां घर संभालने के साथ- साथ, अख़बार पढ़ती हैं, देश- दुनिया की ख़बर रखती हैं, जहाज़ उड़ाती हैं, और वो सब कुछ करती हैं जो वो करना चाहती हैं।

पर क्या वास्तव में वो सब कुछ कर पाती हैं जो वो करना चाहती हैं? सती- प्रथा तो खत्म हो गई, पर अब स्त्रियों के तन तो नहीं उनके मन जला दिए जाते हैं। अब भ्रूण- हत्या तो नहीं की जाती पर अब उनकी आकांक्षाओं को सीमित रखकर मार दिया जाता है। आज बाल- विवाह तो नहीं होता, पर आज भी उन्हें पराया धन ही कहा जाता है।

सपनें देखने या पूरा करने के लिए उन्हें रोका तो नहीं जाता पर उनके सपने पूरे करने की एक एक्सपायरी डेट ज़रूर तय कर दी जाती है। और जो वो अगर तय किया हुआ निर्धारित समय ख़त्म हो गया तो फिर वही तथाकथित समाज के सामने झुक अपनी इच्छाओं को भी उन्हें ख़त्म करना पड़ता है।

आज स्त्रियों को पढ़ने तो ज़रूर भेजा जाता है, पर अभी भी उन्हें लड़की होने का मतलब ज़रूर बताया जाता है। "तुम लड़की हो, ज़रा तरीके से हंसों, ढंग से चलो, बहस न करो"- ये सब बताकर उन्हें उनका स्त्रीत्व ज़रूर याद दिलाया जाता है।

यह लड़ाई सिर्फ़ समाज की नहीं है क्योंकि समाज तो हर एक इंसान से मिलकर बनता है। तो बदलाव पहले घर में लाने की ज़रूरत है क्योंकि बात सिर्फ़ सोच की है। बात है मौके की, उस मौके की नहीं जो सिर्फ़ ज़िम्मेदारियां पूरी करने के लिए या फर्ज़ अदा करने के लिए स्त्रियों को दिया जाता है। बात तो है उस मौके की जहां उन पर कोई दबाव ना हो, और उन्हैं उतना ही समय दिया जाया जितना किसी पुरुष को दिया जाता है, जिस से कि वो ख़ुद को उनके बराबर रख पाएं। अपनी हर जिज्ञासा बिना किसी बंधन के पूरी कर सके, खोल सकें वो पंख अपनें, उड़ सकें वो खुले आसमां में और अपनी रफ़्तार से पूरी दुनिया को अपने अस्तित्व की परिभाषा दे सकें।

-ओमिशा